AF394960

A. PROFFIT & G. BUREAU

La Vallée de la Loire

et SES VINS

ORLÉANAIS
SOLOGNE
TOURAINE
SAUMUROIS
ANJOU

Prix :
0 fr. 60

ORLÉANS

AUGUSTE GOUT & CIE, IMPRIMEURS-ÉDITEURS

1910

LA VALLÉE DE LA LOIRE

ET

SES VINS

ORLÉANS.   VUE PRISE DU NOUVEAU PONT.

A. PROFFIT ET G. BUREAU

LA VALLÉE DE LA LOIRE

ET

SES VINS

Orléanais, Sologne, Touraine
Saumurois et Anjou

ORLÉANS

AUGUSTE GOUT ET Cⁱᵉ, IMPRIMEURS-ÉDITEURS

1910

AVANT-PROPOS

Orléans, par sa situation géographique
et topographique, fut, pendant de longs
siècles, la cité commerciale par excellence
du Centre de la France.

Située au point le plus septentrional de la
rivière de Loire, non loin de Paris, notre
ville connut la suprématie des affaires, ainsi
que l'attestent le souvenir de nos pères et
de nombreux documents.

La corporation des marchands étendait
jusque dans les provinces les plus éloignées
du royaume, et même à l'étranger, l'influence économique de notre cité.

Des entrepôts de toute nature y ont existé,
et les produits du sol de la région orléanaise

se trouvèrent ainsi de bonne heure avantagés.

Dans la corporation des marchands, une branche, celle du commerce des vins, ne devait pas tarder à acquérir une grande importance.

Nous ne citerons pas de chiffres, mais personne ne contestera les nombreuses expéditions de vins remontant le cours de la Loire ou partant, par voie de terre, alimenter Paris, la Normandie, le Nord et particulièrement la Hollande. C'est ainsi que nos crus des environs, produits d'un vignoble fort étendu, se firent connaître, apprécier et rechercher.

Les caves bourgeoises les mieux approvisionnées l'étaient, en majorité, de vins d'Orléans et de Beaugency, pour le plus grand renom et la plus grande prospérité du commerce orléanais.

D'ailleurs, au commencement du dix-huitième siècle, le dictionnaire d'Expilly s'exprime ainsi :

« Le vignoble d'Orléans est d'un produit

« très considérable. C'est peut-être actuel-
« lement le plus grand vignoble de France,
« puisqu'il a de dix à onze lieues d'éten-
« due. »

Tels Beaune et Dijon, nés de la transac-
tion des vins que la Bourgogne y a centra-
lisés, tel Bordeaux, qui doit sa prospérité et
sa renommée à ses crus universellement
connus, Orléans est lui aussi la cité du vin.
En effet, les chais de ses négociants sont
pleins des meilleurs crus de Beaugency,
Saint-Jean-de-Braye, Saint-Ay, Vouvray,
Chinon, Bourgueil, etc., vins délicieux,
légers et de digestion si facile qu'on a dit
d'eux qu'ils étaient le lait des vieillards.

Ces qualités, qui sont développées d'une
façon si heureuse dans les vins du Centre,
se retrouvent d'ailleurs dans presque tous
les grands crus français, et cela est si vrai
que toutes les sommités médicales sont una-
nimes à considérer le vin comme la seule
boisson utile, nécessaire même au bon fonc-
tionnement de l'organisme, et nous sommes,
de ce fait, amenés à protester contre certaines campagnes tendancieuses entreprises

contre un produit qui est la gloire de notre sol.

Le vin, le bon vin de France, extrait des raisins d'or qui mûrissent sur nos côteaux aux chaudes caresses du soleil, a-t-il tant démérité pour être traité en ennemi, pour être accusé, tel l'âne de la fable, de tous les maux de l'univers ?

Le sang de la vieille race française n'est-il donc pas une incarnation du nectar chanté par Homère et qui inspirait les dieux !

Le vin est encore le lait des vieillards, et plus même, il est le breuvage divin qui met la joie au cœur de l'homme, donne la force et ramène la santé.

Liqueur d'or et de rubis, qu'il soit champenois, bordelais ou bourguignon, que sa sève découle des pentes de la vallée de la Loire ou des côteaux de Chambertin, le vin de France est notre boisson nationale ! C'est lui qui a élevé notre race en lui communiquant son ardeur juvénile et son esprit qui pétille en ses reflets enchanteurs.

Mais quels sont donc les ennemis du vin ?

Ils sont nombreux, et, il faut le reconnaître, ils ont en partie réussi dans leur œuvre néfaste. Cette œuvre intéressée, entreprise par une catégorie d'hygiénistes qui se sont faits les instruments dociles de certaines organisations commerciales, a été la première manifestation d'une campagne de dénigrement systématique, faite surtout en vue de favoriser la consommation de produits tels que le thé, le café, les eaux minérales.

Sous le fallacieux prétexte que le vin est une boisson alcoolique, on l'a accusé de tous les maux, on l'a proscrit, et de telles accusations émanant de bouches autorisées ont trouvé dans le public des oreilles attentives : la Faculté avait parlé !

Puis la mode s'en mêla. Il devint de très bon ton de remplacer dans les dîners, par des bouteilles d'eaux minérales aux étiquettes noires et blanches, semblables à des cartes de deuil, les grands crus qui avaient jusqu'alors constitué le plus bel ornement des menus recherchés. Insensiblement, le goût se pervertit, l'oubli vint, et le vin généreux, qui, par ses qualités précieuses, est un peu de la panacée universelle, se vit repoussé, bafoué, honni par ceux-là mêmes qui auraient dû assumer la charge sacrée de le défendre.

Si nous tentons aujourd'hui de le faire, c'est que nous savons notre tâche facile. Il nous suffit de ramasser les armes de nos adversaires et de les retourner contre eux en reproduisant ici l'avis de quelques sommités scientifiques.

« L'usage modéré du vin est sans incon-
« vénient. La science, en effet, ne trouve
« dans le vin bien préparé aucun principe
« nocif et l'expérience a démontré que
« l'usage modéré de cette boisson était inof-
« fensif. » (Dr Duclaux, directeur de l'Ins-
titut Pasteur.)

« Le vin est, parmi les boissons fermen-
« tées, la plus importante et la plus utile,
« quand son emploi est bien réglé. »
(Dr Bouchardat, professeur à la Faculté de Paris.)

« Le vin est un excitant du tube digestif
« et des centres nerveux par ses sels, dont

« *la quantité est de 4 à 5 grammes par* « *litre. Il contribue à réparer les pertes de* « *l'organisme.* » (Dr *Proust, professeur* *d'hygiène à la Faculté de Paris.)*

« *L'homme qui boit exclusivement du vin* « *à l'état naturel est rarement frappé d'al-* « *coolisme.* » (*Professeur Riche.*)

Il serait facile de multiplier les citations de cette nature, dont l'éloquente concision se passe de commentaires.

Le vin n'est donc pas nuisible, bien au contraire. Rendons-lui justice et aussi redonnons-lui sur notre table la place d'honneur qu'il n'aurait jamais dû quitter. Suivons l'exemple de nos pères, qui associaient les heures heureuses de leur vie au plaisir de déguster un bon vin dans lequel ils puisaient leur vigueur et leur gaîté.

Abandonnons sans regret le caprice d'une mode ridicule qui va à l'encontre de nos besoins, de nos goûts, de notre tempérament et aussi des intérêts économiques du pays.

Quoi que l'on puisse dire, les bons vins

sont nombreux en France et nombreux aussi sont encore les gourmets qui savent apprécier leurs merveilleuses qualités.

A. PROFFIT et G. BUREAU.

LA VALLÉE DE LA LOIRE
ET SES VINS

I. — HISTORIQUE DU VIGNOBLE ORLÉANAIS

L'apparition de la vigne dans notre région semble remonter à 50 ans avant Jésus-Christ. On la signale, à cette époque, dans le pays des Bituriges (Berry) et dans le territoire de Paris ; mais le vin récolté était de si mauvaise qualité que l'empereur Domitien, à la fin du premier siècle, ordonna d'arracher toutes les vignes de la Gaule.

D'après Tite-Live (décade 1, lib. 5), ce fut l'empereur Probus qui, en l'an 280, donna aux Français la permission de planter des vignes. Ce dire est confirmé par Plutarque

1.

qui dit, dans *La Vie de Favius Camillus* (1);
« que les François n'avaient point de vigne
« n'y de vin, qu'ils furent incitez par aucuns
« Italiens à passer les Alpes qui leur appor-
« tèrent des fruits et vins d'Italie ; que ce fut
« l'empereur Probus qui tenoit l'Empire l'an
« 280, qui donna aux François la permission
« de planter des vignes. »

En 560, sous Clotaire, saint Grégoire, arche-
vêque de Tours, dit : « Le territoire d'Orléans
« a esté tousjiours fécond et abondant en
« vignoble. » et raconte « qu'un marchand,
« nommé Christophle, vint de Tours à Or-
« léans pour achepter du vin et qu'ayant fait
« son emploite, faisant conduire son vin par
« la rivière de Loire à Tours, il fut en une
« forest vollé et tué par ses serviteurs saxons,
« parce qu'il leur estoit cruel et fascheux. »

A cette époque, la surface plantée en vignes
n'était certes pas aussi considérable qu'elle
l'est aujourd'hui, mais cependant la vigne
existait à peu près dans toutes les communes
de notre vignoble actuel.

---

(1) D'après François Le Maire, conseiller du roi au
bailliage et siège présidial d'Orléans (Antiquitez de la
ville d'Orléans), 1648.

Charlemagne, qui était grand amateur de nos vins, chercha, dans ses capitulaires, à développer la culture de la vigne et le commerce des vins.

Sous François Ier, une partie de la forêt d'Orléans, qui arrivait jusqu'aux portes de la ville, fut défrichée et remplacée dans sa presque totalité par de la vigne. Le vignoble se trouva tellement agrandi que l'on demanda de « faire une ordonnance pareille à celle « dudit empereur Domitien, afin que les « terres propres aux bleds fussent conservées « pour l'aliment et nourriture de leurs « maîtres. »

Le vignoble d'alors s'étendait autour d'Orléans, sur cinq à six lieues, et contenait, nous dit Le Maire, « vingt-cinq à trente paroisses, « jusques ès villes de Meung, Jargeau et « Beaugency.

« Il est le plus peuplé du monde, y ayant « plusieurs paroisses qui ont jusques à mil et « douze cens feux, comme Ingré, Olivet, « Bouc, Chécy, Mardyé, Marigny et autres. »

Le vin orléanais était déjà très en faveur ; cette faveur était justifiée par la diversité des goûts et des bouquets que l'on rencontrait dans les divers endroits du vignoble. A ce

sujet, Le Maire nous dit encore : « Il n'y a ter-
« roir en France, voire en l'Europe (pour le
« vignoble), qui ait des vins si excellents et
« en plusieurs genres et espèces que le vin
« auréhanois (1) ; car il s'y trouve toutes
« sortes de vins, soit pour la consistance ou
« couleur. Quant à la consistance, nous en
« avons d'une subsfance subtile et déliée
« propre aux gens délicats, autres qui sont
« d'une médiocre consistance et qui n'offense
« que le cerveau ; il y a aussi d'autres vins
« fumeux qui sont de difficile digestion et
« propres aux artisans et personnes qui tra-
« vaillent beaucoup.

« Pour la couleur il s'en trouve de blanc,
« clairet et couvert.

« Pour le blanc, il y en a de doux et déli-
« cieux qui digère facilement et provoque
« l'urine comme celui de Saint-Mesmin.

« Il y a aussi du vin blanc mitoïen entre
« le doux et verdelet, frian et délicat, qui
« excelle en bonté de suc, ayant une douceur
« un peu aspre semblable à la framboise,
« grandement agréable au goust et qui pique

____

(1) *Aurélian.* — Appellation de la ville d'Orléans à
l'époque romaine.

« un peu sur la langue. Le vin blanc verdelet
« aussi qui n'offense la teste et profitable à
« ceux qui ont le foye chaud et sang bouil-
« lant, comme ceux d'Ingré, Saint-Marc et
« autres.

« Et, au regard du clairet, il y en a de
« diverses sortes, soit d'une substance grosse
« et terrestre ; mais il y a les vins auver-
« gnats (1) qui ont une odeur si bonne et
« suave, une couleur d'œil de perdrix et un
« goût si délicieux et plaisant desquels je ne
« rapporterai la louange et renvoyerai les
« curieux à l'Hercule Guespin ou Hymne du
« vin fait par M° Simon Rouzeau, d'Orléans,
« mettant le principal champ de Bacchus à
« Rebréchien, qui dit s'appeler area Bacchi. »

Les vins de l'Orléanais firent les délices des
rois de France et particulièrement d'Henri IV
qui fut même obligé d'y renoncer parce qu'ils
le grisaient, au grand regret de ses courti-
sans, habitués, eux aussi, à s'en délecter à sa
table.

---

(1) Vins provenant de plants dits « Auvernat franc
ou rouge » cultivé dans l'Orléanais et qui viennent
d'Auvergne. On trouve dans des titres anciens le mot
latin *Alvernus*, qui désigne ce cépage.

Les vertus enivrantes de nos vins étaient tellement reconnues que les médecins de l'époque, tout en reconnaissant « qu'ils « engendrent bon sang, aident à digérer « les viandes, suscitent la chaleur naturelle », en proscrivent l'abus, « car pris avec excez, « il est nuisible à la santé, c'est pourquoy il « faut le tremper, ce que dénoitoient les « poètes qui donnaient à chacun de leurs « Dieux une nourrice, mais à Bacchus deux, « scavoir les Néréides, Nymphes des eaux, « pour nous enseigner comme il faut tremper « le vin et n'en boire par excez ; afin qu'il ne « trouble la raison et ne la submerge dans le « vin dont Ammianus Marcellinus blasmoit « nos François pour estre sujets et adonnez « au vin. Ce que je n'estime pas pouvoir « s'adapter et s'appliquer à nos Aurélianois, « puisqu'ils ont tant de Nymphes, Naïades, « Cymothées et autres qui parcourent les « eaux délicieuses des fleuves de Loire et « Loiret, les fontaines d'Estuvée (1), S. Julian « et autres qui, dans la ville, par les canaux « et lieux souterrains, protègent et emplissent,

---

(1) Fontaine de l'Étuvée, située à Orléans, entre la rue de l'Empereur et le Châtelet, qui servait à alimenter les bains publics.

« nos puits d'une eau douce, claire et savou-
« reuse. »

Les qualités si précieuses et si variées de
nos vins les firent apprécier et rechercher
par les acheteurs du monde entier. Il fallait
vraiment que leur supériorité soit indiscutable
pour que, malgré la pénurie des moyens de
transport, les acheteurs étrangers vinssent les
chercher à grands frais. On lit à ce sujet dans
le « Traicté des Péages » par Matieu de
Vauzelles, page 46 :

« Les vins étaient fournis en abondance par
« l'Orléanais, le duché de Thouars, le Chi-
« nonais, le Saumurois et l'Anjou. Les vins
« blancs de l'Anjou, considérés comme vins
« fins, se servaient sur les tables princières et
« royales ; il s'en faisait une exportation
« assez considérable pour donner matière à
« l'assiette de subsides importants sur leur
« sortie de la province. Les vins d'Orléans
« avaient la même réputation ; on les expé-
« diait jusqu'en Italie pour la table des pré-
« lats et des seigneurs. »

Un autre ouvrage intitulé « Les Antiquitez
des Villes », par André du Chesne, dit
« qu'Orléans est une des plus belles villes de
« toute la France, si heureuse et féconde en

« vins qu'on la peut dire, l'un des premiers
« Celliers de Paris que des quatre coings du
« royaume et du milieu, les plus délicieux
« en poursuivent très curieusement la posses-
« sion et la recherche, et non seulement les
« François, mais les Flamens, Anglois et
« autres peuples. »

II. — ORLÉANAIS

CRUS

Lorsque le voyageur aborde la vallée de la Loire à Orléans, son point le plus septentrional, il franchit la délimitation naturelle du Centre de la France. Il voit succéder aux plaines dorées de la Beauce les coteaux crayeux de notre grand fleuve de Loire dans lequel se mirent les clochers des villages et les masses imposantes des châteaux Renaissance parsemés sur ses rives.

Il entre dans cette riante vallée en traversant la vieille cité de Jeanne d'Arc, célèbre à plus d'un titre et notamment pour la notoriété de son commerce qui fut le premier en France à expédier les vins loin de leur pays de production.

Le vignoble de l'Orléanais, presque entièrement producteur de vins rouges, comprend la surface plantée dans le département du Loiret. Cette surface atteint quinze mille hectares environ, produisant, suivant les années, de 250 à 600,000 hectolitres de vin.

Les vins d'Orléans sont remarquables par la richesse de leur bouquet ; leur couleur rouge rubis est légère et les années où ces vins possèdent une robe foncée sont rares.

Frais au palais, sans verdeur ni dureté, leur fruité se reconnaît entre mille ; aussi, les crus possédant le mieux ces qualités sont fort recherchés des gourmets et atteignent souvent des prix élevés.

Comme les vins du Beaujolais, les vins d'Orléans possèdent toutes leurs qualités au sortir de la cuve ; leur enlèvement est donc rapide, leur consommation pouvant être immédiate. Les propriétaires conservant des vins plusieurs années sont, par suite, rares, bien que la région possède des caves très profondes (souvent 15 mètres au-dessous du sol) et d'une fraîcheur remarquable. Cependant, cela est de tradition, les amis trouvent toujours chez eux de vénérables bouteilles fort bien conservées...

Les meilleurs crus de l'Orléanais sont, sans contredit, ceux de Saint-Jean-de-Braye, Semoy,

Chécy, Fleury-les-Aubrais, Saran et Saint-Jean-de-la-Ruelle, communes dont les terroirs forment comme une ceinture autour de la ville d'Orléans.

SAINT-JEAN-DE-BRAYE

Située à l'est d'Orléans, sur la ligne d'Orléans à Gien, cette commune possède les meilleurs coteaux de la contrée, coteaux situés en bordure immédiate de la Loire et se prolongeant en mamelons vers la forêt d'Orléans dont ils sont séparés par la commune de Semoy.

Le vignoble de Saint-Jean-de-Braye est installé partie sur des terrains calcaro-argileux et argilo-calcaires provenant de la désagrégation des calcaires inférieur et supérieur dits « de Beauce » et partie sur des sols siliceux dérivés de l'étage géologique des sables et graviers des terrasses.

Indépendamment du calcaire et de l'argile qui en constituent la base, ces terrains renferment une certaine proportion de silice et d'oxyde de fer, c'est-à-dire les quatre éléments exerçant une influence des plus marquées sur la composition des vins. L'existence de ces quatre éléments est indispensable pour obtenir la finesse, le corps et le degré alcoolique qui caractérisent les grands crus.

Les meilleurs produits de Saint-Jean-de-Braye se récoltent dans la zone des coteaux calcaires blanchâtres peu cohérents, doucement inclinés vers la Loire et exposés au midi. C'est aussi dans cette partie du vignoble que les qualités physiques du sol sont le plus heureusement associées aux autres facteurs de la production des bons vins.

Les nombreuses propriétés de moyenne importance qu'on y rencontre donnent à ce coin de vignoble un aspect de séduisante coquetterie. Les plus anciennes propriétés se trouvent en bordure de la Loire et ont été plantées par les moines des divers ordres religieux d'Orléans.

Les vins de Saint-Jean-de-Braye sont corsés, pèsent souvent dix degrés, quelquefois davantage. Ils sont moelleux, ont du corps et peuvent rivaliser avec les meilleurs produits de la Bourgogne, les Chenas et les Julienas.

SEMOY

Petite commune située en bordure et au sud-ouest de la forêt d'Orléans.

LES VENDANGES DANS L'ORLÉANAIS.

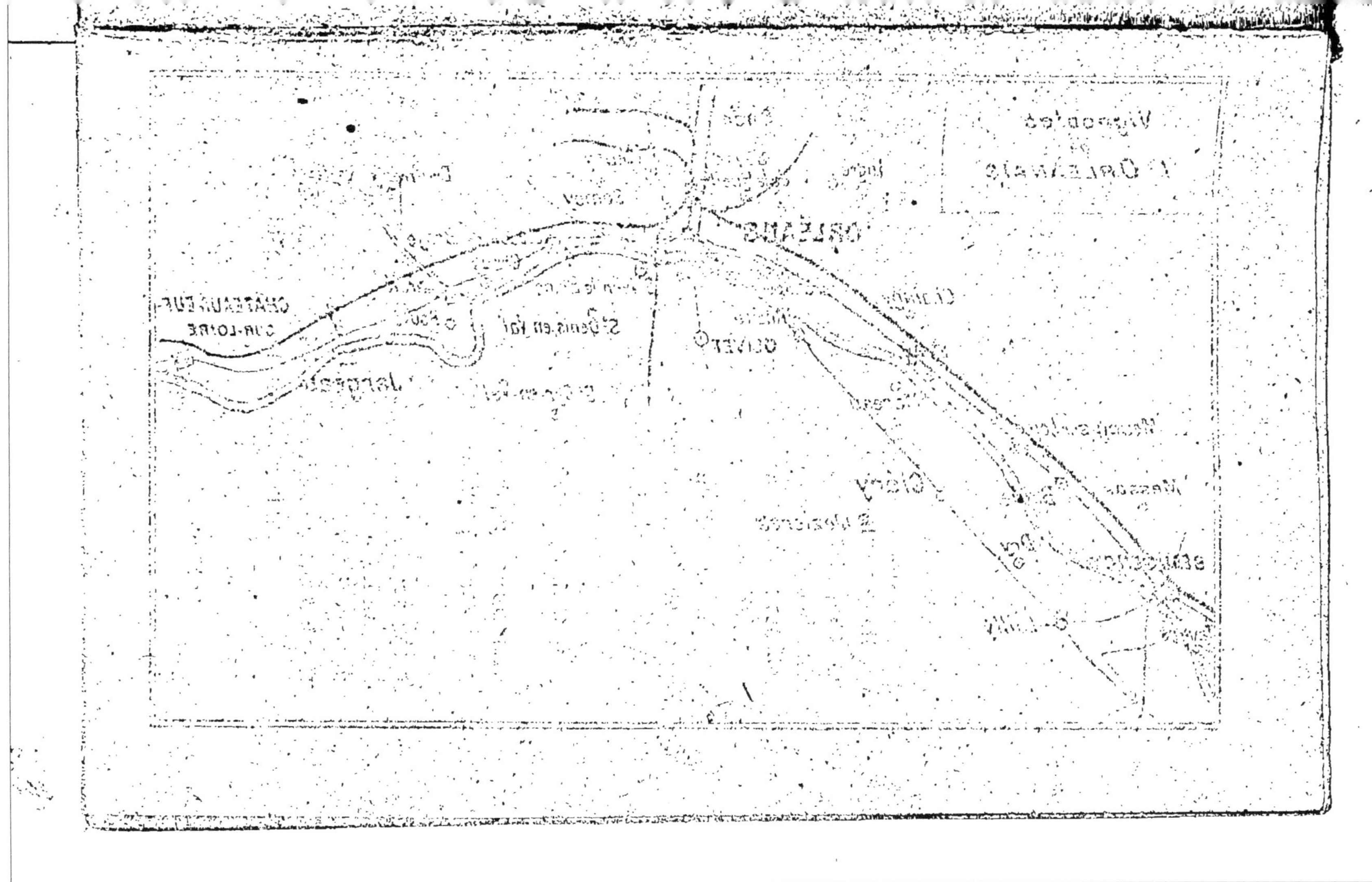

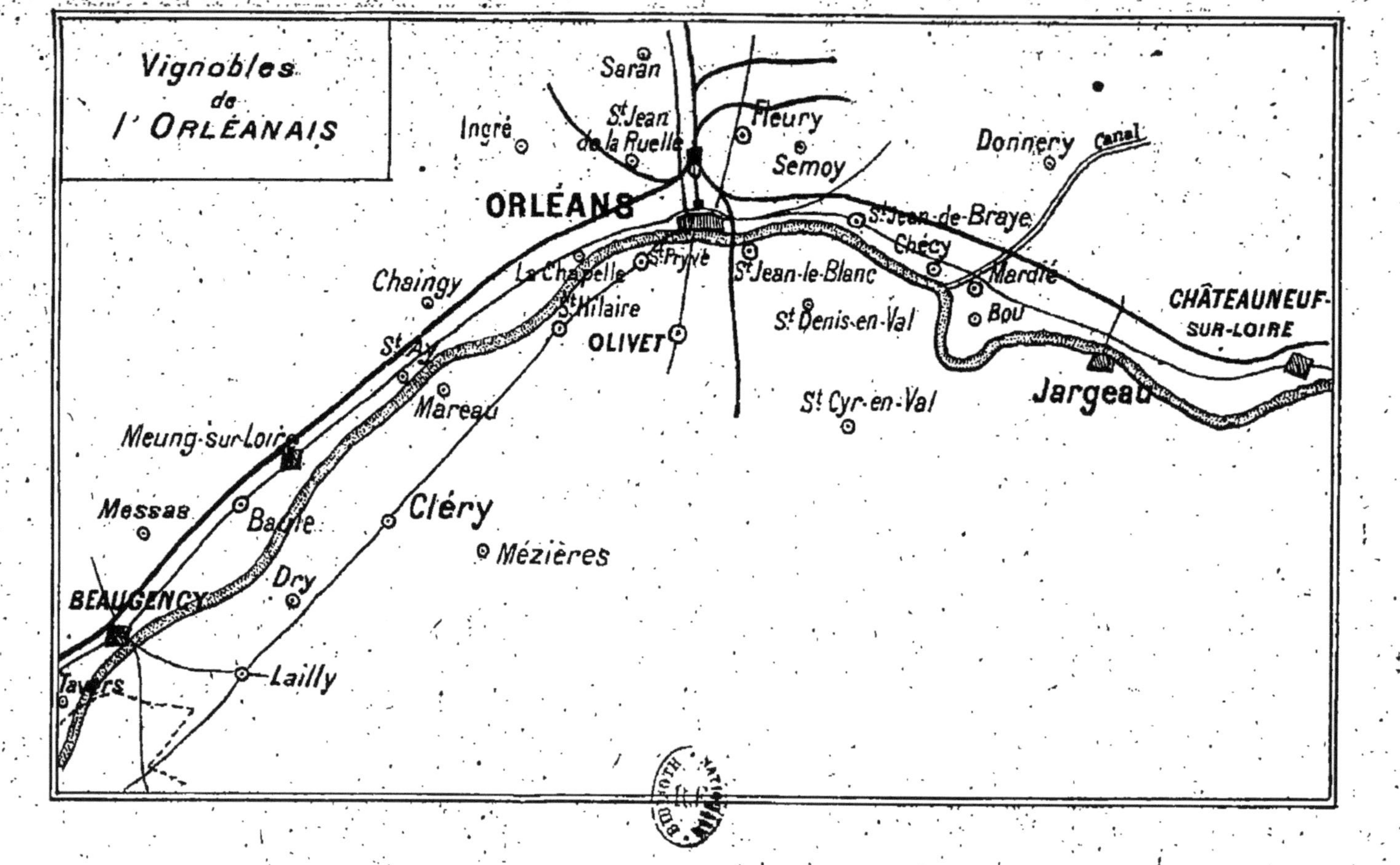

Vignobles de l'Orléanais
Saran
Ingré
St Jean de la Ruelle
Fleury
Donnery
Canal
Semoy
ORLÉANS
St Jean-de-Braye
Chécy
Chaingy
La Chapelle
St Pryvé
St Jean-le-Blanc
Mardié
St Hilaire
St Denis-en-Val
CHÂTEAUNEUF-SUR-LOIRE
St
OLIVET
Bou
Mareau
St Cyr-en-Val
Jargeau
Meung-sur-Loire
Messas
Baule
Cléry
Mézières
Dry
BEAUGENCY
Tavers
Lailly

La nature des terrains est à peu près la même que dans la commune de Saint-Jean-de-Braye. Toutefois la prédominance des sols provenant de la désagrégation des sables et marnes de l'Orléanais, plus argileux et plus difficiles à travailler, fournit, avec le même cépage, des vins plus durs, moins moelleux et moins fins que ceux de Saint-Jean-de-Braye. On rencontre, en outre, quelques vignes plantées dans des sables plus ou moins argileux, très pauvres en calcaire, présentant une certaine analogie avec les sables de Sologne, quoique plus fertiles.

Les vins de Semoy sont également très réputés, mais leur manque de souplesse les fait placer après ceux de Saint-Jean-de-Braye.

FLEURY-LES-AUBRAIS — SARAN

Communes situées respectivement au nord-est et au nord d'Orléans, de topographie à peu près analogue.

Les terrains de Fleury sont presque essentiellement constitués de sable demi-fin, calcareux, un peu jaunâtre. Ils sont le plus souvent assez faciles à travailler et conviennent très bien à la culture de la vigne.

Les mêmes sols se retrouvent à Saran, tantôt un peu plus argileux, ce qui les rend plus tenaces, tantôt un peu plus calcaires, ce qui les rend plus favorables encore à la production des bons vins.

Les vins récoltés à Fleury et Saran ont une robe légère ; leur bouquet est souvent très développé, mais avec une facture spéciale.

Les vignerons de ces deux communes ont pris l'habitude de vinifier leur récolte d'une façon particulière en prolongeant un peu le séjour en cuve, ce qui contribue à donner à leurs produits une saveur un peu âpre au début, mais constitue un élément de conservation parfait.

SAINT-JEAN-DE-LA-RUELLE

Le terroir de Saint-Jean-de-la-Ruelle ferme la ceinture des communes vignobles entourant la ville d'Orléans de l'est à l'ouest.

Les terrains de cette commune ressemblent beaucoup à ceux de Saran. Ils sont tantôt siliceux, légers, de culture facile, s'échauffant rapidement au printemps ; tantôt ils présentent une plus grande richesse en argile, les rendant moins perméables et moins favorables à la production des vins légers et fruités.

Les vins de Saint-Jean-de-la-Ruelle, tout en présentant les caractères généraux des vins d'Orléans, n'en ont pas toujours la légèreté ni le bouquet qui les distinguent.

INGRÉ — CHAINGY

Le vignoble d'Ingré et de Chaingy s'étend à l'ouest et au sud-ouest de Saran et Saint-Jean-de-la-Ruelle.

La plupart des vignes de ces deux communes sont plantées sur des terres tantôt exclusivement siliceuses, tantôt silico-argileuses ; le sable qui en constitue la base est demi-fin, d'un calibre assez uniforme, de couleur blanc jaunâtre, quelquefois un peu rouge dans le sous-sol.

Dans la partie nord-ouest de la commune d'Ingré, quelques vignes reposent sur des marnes noduleuses grises ou blanchâtres.

Les vins d'Ingré et de Chaingy possèdent les mêmes qualités que ceux de Saran et de Saint-Jean-de-la-Ruelle. Ils sont souvent aussi bouquetés, mais un peu plus fermes. Le gris-meunier, qui est le cépage dominant de ce vignoble, y produit un bon vin de table.

ORLÉANS

La commune d'Orléans possède dans sa banlieue, à l'extrémité des faubourgs, principalement à l'est, un vignoble donnant de fort bons produits. Les vins récoltés dans les clos de Saint-Marc et de Saint-Vincent rivalisent, comme qualité, avec les vins de Saint-Jean-de-Braye et de Fleury.

Les vignes (notamment celles de la Barrière-Saint-Marc) sont plantées dans des terres tantôt siliceuses, tantôt un peu argileuses et reposant sur des sables rougeâtres ou sur des marnes farineuses.

La proximité de la ville fait que ces vignes sont presque exclusivement l'apanage des Orléanais, qui montrent avec orgueil les grappes vermeilles distillant aux rayons du soleil le bon vin gris-meunier, couleur œil-de-perdrix, qui faisait les délices du roi Vert-Galant et continue à faire celles de nos contemporains.

CHÉCY — MARDIÉ — BOU

Plus à l'est, en remontant le cours de la Loire, se trouvent les communes de Chécy, Mardié et Bou.

Une partie des vignes de Chécy reposent sur des dépôts caillouteux des terrasses qui fournissent des terres constituées surtout de sables quartzeux et de galets roulés de sable et de silex.

Quelques vignes de Mardié sont plantées sur des sols de même nature. Dans ces deux communes, on trouve cependant quelques vignobles plantés dans des terres constituées de sables associés à des couches marneuses ou à des débris calcaires.

A Bou, ne se rencontrent que des terres d'alluvions modernes, composées tantôt de graviers, tantôt de sables fins seuls ou en mélange avec une gangue limoneuse. Toutes ces terres sont parsemées de galets de silex.

Les vignobles de Chécy, Mardié et Bou complètent ceux cités plus haut, par l'abondance et la qualité de leurs crus. Un peu plus léger, plus ou moins bouqueté, c'est toujours le vin frais et fruité qui caractérise la région orléanaise. Toutefois, les vins récoltés dans ces trois communes, tout en présentant un lien de parenté assez étroit, offrent d'assez nombreuses variétés par suite des diverses expositions des vignobles. Des rives de la Loire aux bords du canal, puis à l'orée de la forêt d'Orléans, ils présentent, en effet, leurs longues sillées de ceps sous des angles divers, aux rayons du soleil.

LE VAL — SAINT-DENIS-EN-VAL
SAINT-JEAN-LE-BLANC

Sur la rive gauche de la Loire, s'étend une région très fertile, dénommée « LE VAL », dont le sol se compose d'alluvions, en grande partie modernes.

On y distingue, au point de vue physique, des limons silico-argileux à côté de sols exclusivement siliceux ou graveleux. La silice s'y trouve partout, sous forme de très petits fragments arrondis de quartz et de silex.

Les alluvions anciennes, que l'on trouve au sud de Saint-Denis-en-Val, présentent une composition presque identique à celle des alluvions modernes.

La vigne est avantageusement cultivée à Saint-Denis-en-Val et à Saint-Jean-le-Blanc. Les vins récoltés sont moins recherchés que ceux des communes de la rive droite. Ils n'en possèdent ni le même degré, ni la même chair, mais constituent néanmoins un ordinaire fort présentable, se confondant, dans certaines bonnes années avec les produits de Chécy et de Mardié.

OLIVET

Olivet, qui fait suite aux vignobles de Saint-Denis-en-Val et de Saint-Jean-le-Blanc, est un charmant village, dont les sites pittoresques et les frais ombrages sont très appréciés des Orléanais, qui en ont fait leur lieu de villégiature préféré.

Le Loiret qui l'arrose est une belle rivière, large, profonde, aux eaux claires et limpides, offrant la particularité bien connue de n'avoir que quelques kilomètres de longueur.

Sur les deux rives du Loiret, s'élèvent de coquettes villas et de somptueux châteaux, dont quelques-uns évoquent encore le souvenir de leurs hôtes royaux.

Le coteau qui s'étend du pont d'Olivet au pont de Saint-Nicolas et qui fut une dépendance du « Poutil », résidence d'été de

Henri IV, était autrefois planté en vignes et produisait de très bon vin.

La propriété est aujourd'hui morcelée et les plantations, reculées vers le coteau de la Sologne, rejoignent celles de Saint-Hilaire-Saint-Mesmin, Saint-Pryvé-Saint-Mesmin, Mareau-aux-Prés, Mézières et Cléry.

SAINT-HILAIRE-SAINT-MESMIN
SAINT-PRYVÉ-SAINT-MESMIN
MAREAU-AUX-PRÉS - MÉZIÈRES - CLÉRY

Ces vignobles sont situés dans le Val de la Loire ou à cheval sur le coteau solognot.

Le cépage cultivé est le gascon (Mondeuse), qui se plait dans les terrains silico-argileux, graveleux et caillouteux et dans les terrains argilo-siliceux, comme le sont tous ceux de la Sologne. Aux environs de Mézières et de Cléry, on trouve quelques affleurements du calcaire de Beauce, lesquels, mélangés aux alluvions anciennes ou modernes, fournissent des sols également propices à la culture du gris-meunier.

Le gascon reste néanmoins le cépage préféré des vignerons solognots.

Il donne un vin très généreux, de belle

couleur et très fruité ; âpre au début, il vieillit bien et donne une bouteille très appréciée.

Dans les années tardives, la maturité du gascon laisse quelquefois à désirer ; mais, en bonne année, le vin de ce cépage possède un léger goût de framboise rappelant les vins de Breton, de Chinon et de Saint-Nicolas-de-Bourgueil ; toutefois, son caractère général le fait plutôt comparer aux vins de la Gironde.

SAINT-AY

En face des vignobles précédents, sur la rive droite de la Loire, se trouvent les vignobles de Saint-Ay.

La plus grande partie de ces vignobles est installée sur des terres calcaro-silico-argileuses provenant de la désagrégation de la couche du calcaire de Beauce sur laquelle elle repose. Quelques vignes sont plantées dans des alluvions constituées d'éléments siliceux fins et souvent micacés.

A Saint-Ay se récolte un vin de gris-meunier très honorable que le temps perfectionnera et qui deviendra l'égal de celui récolté

avant l'invasion phylloxérique. La reconsti-
tution du vignoble détruit n'a pas encore produit son plein effet et il faudra attendre
quelques années pour retrouver le vin nerveux, plein de chair, qui a fait la renommée
du clos de l'Evêché et des autres propriétés
voisines.

Il semble qu'à Saint-Ay, la nature pré-
voyante s'est plu à donner à l'homme toutes
les facilités pour l'aider dans sa tâche et que
par une délicate attention elle a placé auprès
du sol producteur l'outil nécessaire à sa mise
en valeur : de merveilleuses caves taillées en
plein rocher et dans lesquelles s'élèvent et se
perfectionnent les vins de la région.

Les plus belles sont sans contredit les caves
du clos de l'Evêché, construites en laby-
rinthe et dont l'importance nécessite l'emploi
d'un guide pour les parcourir.

Le vin de Saint-Ay est aussi réputé que le
vin de Saint-Jean-de-Braye. Il est plus nerveux, plus ferme ; mais, à l'encontre de ce dernier qui possède toutes ses qualités à sa sortie de la cuve, le vin de Saint-Ay est meilleur
à partir de la seconde année.

BEAUGENCY

Le vignoble de Beaugency est le dernier que l'on rencontre avant de pénétrer dans le Blésois. Il se compose des communes de Meung-sur-Loire, Baule, Messas, Beaugency et Tavers.

Les terroirs de ces communes s'étendent de chaque côté de la route nationale se dirigeant vers Blois et Tours. Ils sont tantôt silico-calcaro-argileux, tantôt calcaro-argileux, souvent franchement calcaires avec de nombreuses pierrailles.

Les meilleurs clos reposent sur des terres blanchâtres, perméables, contenant, outre le carbonate de chaux, une certaine quantité de silice et un peu de marne.

Les vins de Beaugency sont presque sans exception le produit du gris-meunier.

Depuis quelques années, certains propriétaires vinifient en blanc tout ou partie de leur récolte. Ils obtiennent un vin blanc agréable, très moelleux, titrant 10 et 11 degrés et présentant une certaine analogie avec les vins blancs de Pouilly.

Le caractère général des vins rouges est

renfermé dans la formule caractéristique des vins d'Orléans. Frais et fruités, sans verdeur, ils ont le même bouquet.

Les vins de Beaugency ne constituent pas une classe spéciale. Certaines habitudes prises un peu partout, notamment à Paris, tendent à faire de cette dénomination d'origine un terme générique servant à désigner les vins de l'Orléanais sans aucune distinction. Or, les vins de Beaugency appartiennent à l'Orléanais dont ils ne sont qu'une variété et leur appellation n'est que la conséquence de leur provenance, Beaugency ou les communes environnantes.

Leur renommée est vieille et les Orléanais ne sont jamais surpris de les voir voisiner avec les Bourgogne et les Beaujolais de mérite sur les cartes choisies des restaurants parisiens.

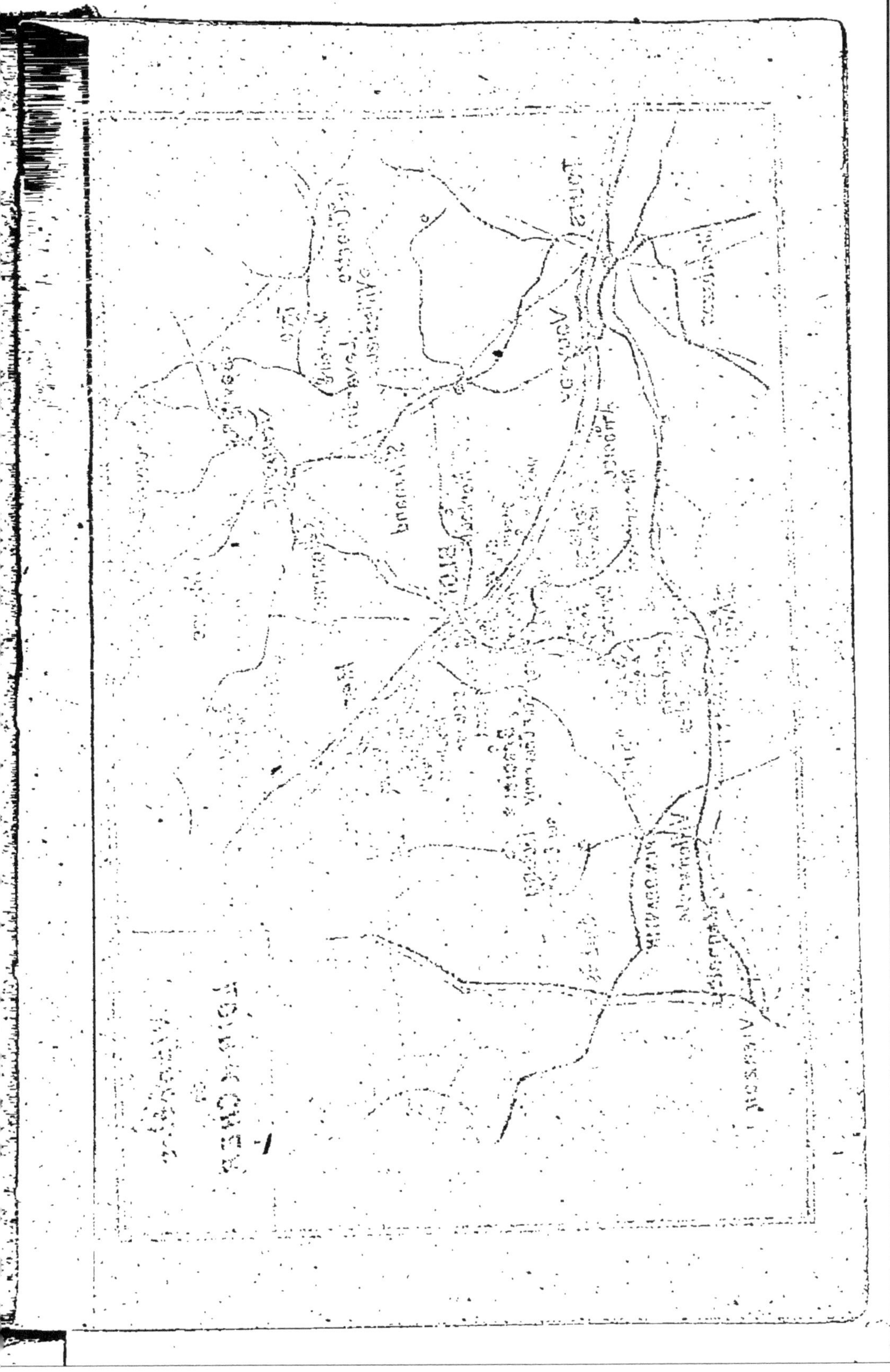

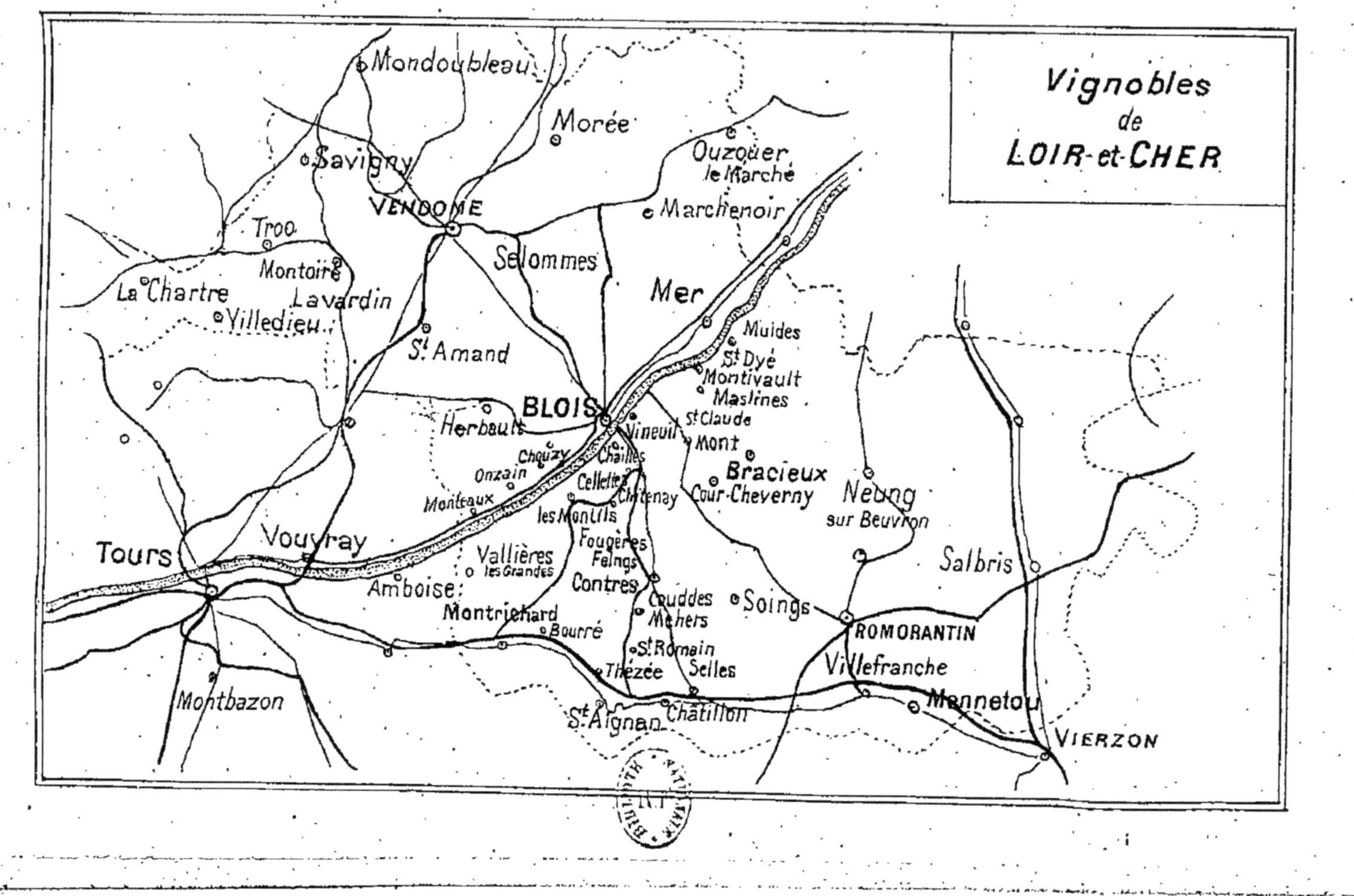

Vignobles de LOIR-et-CHER
Mondoubleau
Morée
Ouzouer le Marché
Savigny
VENDOME
Marchenoir
Troo
Montoire
Selommes
Mer
La Chartre
Lavardin
Villedieu
St Amand
Muides
St Dyé
Montivault
Mazires
Herbault
BLOIS
Vineuil
St Claude
Onzain
Chouzy
Chailles
Cellettes
les Montils
Bracieux
Neung
sur Beuvron
Tours
Vouvray
Vallières
les Grandes
Fougères
Feings
Cour-Cheverny
Salbris
Amboise
Montrichard
Contres
Couddes
Méhers
Soings
ROMORANTIN
Bourré
St Romain
Thezée
Selles
Villefranche
Montbazon
St Aignan Châtillon
Menetou
VIERZON

III. – VIGNOBLE du LOIR-ET-CHER

Blésois - Vendômois
Coteaux du Cher - Sologne

Le vignoble du Loir-et-Cher peut être divisé en quatre groupes :

1° LE BLÉSOIS.
2° LE VENDOMOIS.
3° LES COTEAUX DU CHER.
4° LA SOLOGNE.

BLÉSOIS

Le Blésois comprend principalement les vignes des coteaux avoisinant la Loire et la Cisse.

Les meilleures vignes sont plantées sur des éboulis reposant sur la craie tuffeau qui a donné des sols calcaro-silico-argileux renfermant de nombreuses pierrailles calcaires et ressemblant beaucoup aux terres de la région de Vouvray.

Le sol du plateau est plus argileux. Il est constitué par un conglomérat de silex non roulés provenant de la craie et empâtés dans une argile rouge ou blanche.

Le vignoble de cette contrée se divise en deux parties très distinctes : la côte et la plaine.

La côte de Blois proprement dite produit des vins rouges appréciés, mais la plus grande partie du vignoble blésois est complantée en cépages blancs produisant un vin frais et très fruité.

Les meilleurs vins rouges du Blésois sont produits par le coteau des Grouets, à l'ouest de Blois. Ils ont une robe suffisante, un degré alcoolique variant de 9 à 11 degrés suivant les expositions et les années. Un peu durs, ils ont un bouquet spécial sans analogie avec celui des vins de l'Orléanais.

Les communes récoltant plus spécialement ce vin sont celles de Chouzy, Onzain et Monteaux.

VENDOMOIS

Le vignoble vendômois s'étend dans les communes de Lavardin, Treo, Villedieu, Couture et comprend les vignes placées sur les flancs de la vallée du Loir et sur les plateaux avoisinants.

Les coteaux sont crayeux. C'est la craie de Touraine, jaunâtre, micacée, durcissant à l'air et remarquable par la finesse et l'égalité de son grain.

Les plateaux qui dominent le Loir sont généralement silico-argileux, assez légers et froids, convenant plus particulièrement à la production des vins rouges communs.

Le Vendômois produit des vins blancs assez estimés. Ceux récoltés dans les communes citées plus haut se comparent aux vins récoltés sur les coteaux avoisinant Vouvray. Ils vieillissent bien et font une bouteille excellente.

COTEAUX DU CHER

Dans les coteaux renommés de la vallée du Cher, qui comprennent les communes de Montrichard, Bourré, Thézée, Saint-Aignansur-Cher, on retrouve encore la craie tuffeau de Touraine avec des terres tantôt calcaro-silico-argileuses à grain fin, tantôt plus argileuses, reposant sur un sous-sol calcaire.

Les vins récoltés sur ces terrains sont produits par le côt. Ce cépage, acclimaté depuis longtemps dans le Centre, donne un vin coloré, ayant de la chair, du moelleux et un bouquet agréable très développé. Mis en bouteilles après sa deuxième année, le vin de côt devient parfait.

Plus avant dans la vallée du Cher, les vignobles des communes de Selles-sur-Cher, Villefranche, Châtillon, etc., complantés en côt, en gros noir et en divers cépages blancs, produisent également de très bons vins.

SOLOGNE

La couche végétale de la Sologne Blésoise est argilo-siliceuse ou silico-argileuse avec plus ou moins de galets et repose généralement sur un sous-sol argileux. On trouve également des terres purement sableuses.

Le vignoble solognot, producteur de vins blancs dans sa presque totalité, voit ses produits divisés en deux types bien distincts ; les sologne ordinaires et les grands sologne.

Le cadre de la présente étude ne permet pas une description complète et détaillée des caractéristiques de ces vins. Il convient cependant de citer, parmi les communes récoltant les meilleurs vins blancs de Sologne, celles de Cour-Cheverny, Soings, Contres, Fougères, Feings, Mont, Cellettes, Les Montils, Chailles, Vallières-les-Grandes, puis Chitenay, Coudde, Saint-Romain, Mehers, Noyers, etc., etc.

Produits par les mesliers et les pinots, les vins de Sologne sont très bons, d'une belle couleur blanche avec reflet tirant sur le vert léger des seigles en herbe.

Les grands « Sologne » ont une saveur extrêmement agréable, avec une légère pointe de liqueur, ce qui fait dire, dans la contrée qu'ils sont « amoureux à boire ». Ils sont frais et possèdent un léger goût de pierre à fusil, comme les vins blancs des coteaux avoisinant Vouvray.

La réputation séculaire des vins blancs de Sologne n'est plus à faire. Plus d'un connaisseur, séduit par les qualités exceptionnelles de certaines bonnes années, les a placés au même rang que les « Touraine » de choix, auxquels ils sont même quelquefois préférés, en raison de leur caractère tout particulier.

Il serait difficile de citer toutes les communes de la Sologne produisant les vins blancs, très répandus dans le commerce.

A celles citées plus haut, doivent être ajoutées, comme produisant des vins en abondance, les communes de Vineuil, Saint-Claude, Montliveau, Maslines, Saint-Dyé, Muides, Saint-Laurent-des-Eaux, Lailly et Dry (ces deux dernières communes situées dans le département du Loiret).

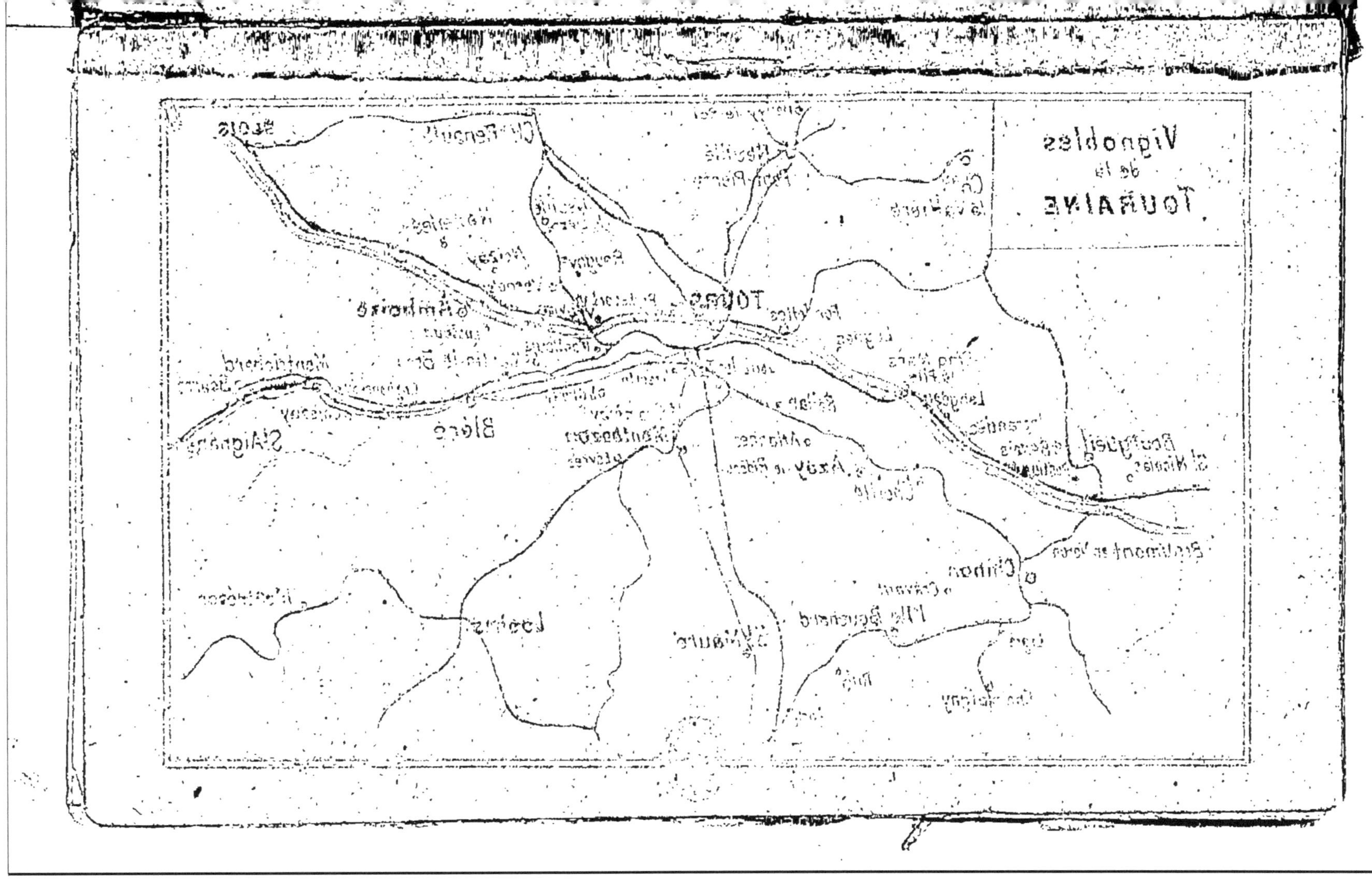

Vignobles
de la
TOURAINE
TOURS
BLOIS
Bléré
St Aignan
Amboise
Montrichard
Montlouis
Azay le Rideau
Montbazon
Chinon
Ste Maure
Loches
Bourgueil
St Nicolas
Langeais

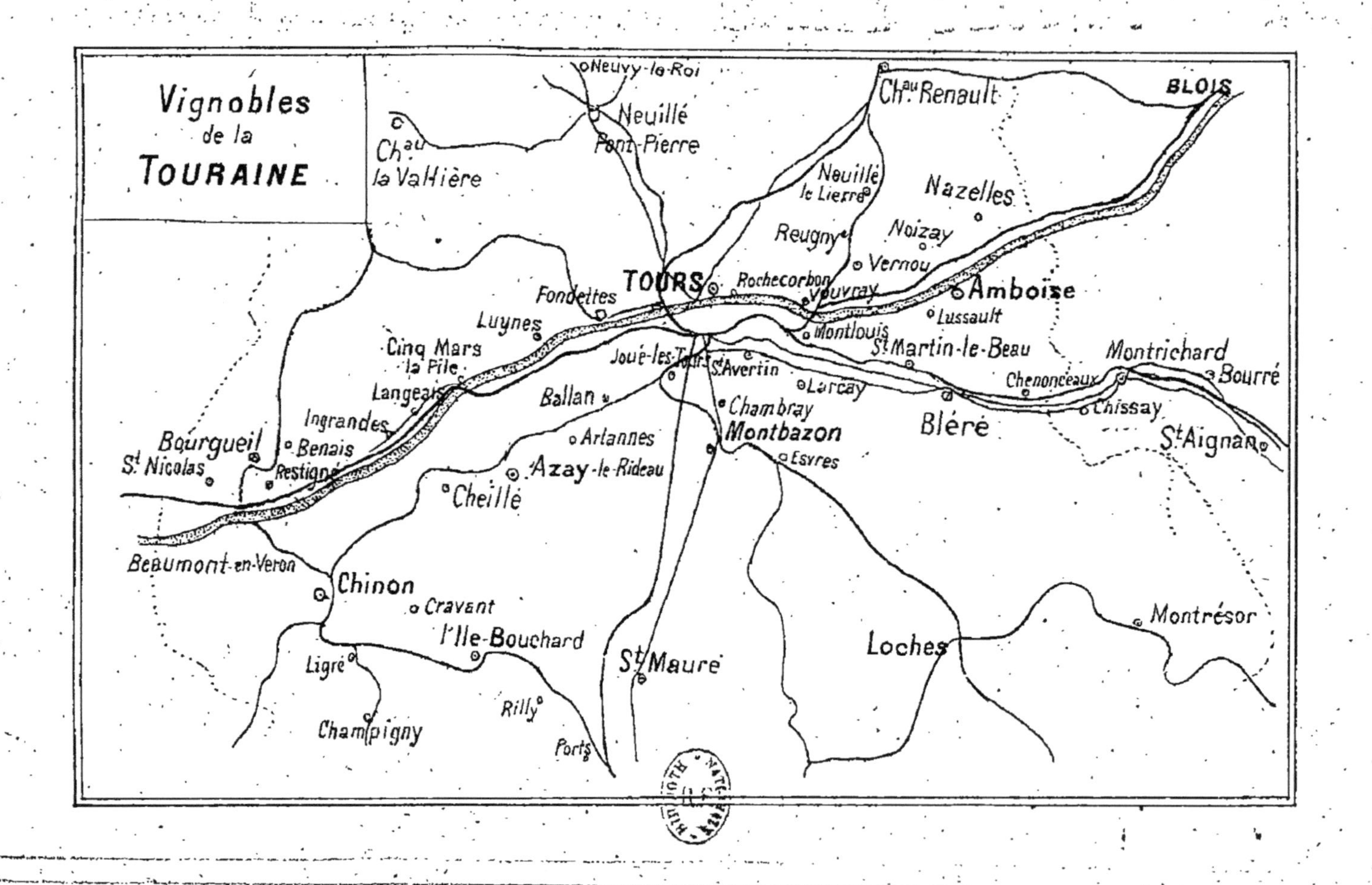

Vignobles
de la
TOURAINE
Ch.au la Vallière
Neuvy-le-Roi
Neuillé Pont-Pierre
Ch.au Renault
BLOIS
Neuillé le Lierre
Nazelles
Reugny
Noizay
Vernou
TOURS
Rochecorbon
Vouvray
Amboise
Fondettes
Lussault
Luynes
Montlouis
St Martin-le-Beau
Montrichard
Cinq Mars la Pile
Joué-les-Tours
St Avertin
Chenonceaux
Bourré
Langeais
Ballan
Larcay
Blére
Chissay
Ingrandes
Chambray
Montbazon
St Aignan
Bourgueil
Benais
Arlannes
Esvres
St Nicolas
Restigné
Azay-le-Rideau
Cheillé
Beaumont-en-Veron
Chinon
Cravant
Montrésor
l'Ile-Bouchard
St Maure
Loches
Ligré
Rilly
Champigny
Ports

IV. — TOURAINE

Bourgueil - Chinon - Vignoble
supérieur du Cher - Vouvray
Montlouis

La Touraine comprend à peu près le département d'Indre-et-Loire.

Son vignoble peut se répartir dans les cinq groupes suivants :

1° BOURGUEIL.
2° CHINON.
3° VIGNOBLE SUPÉRIEUR DU CHER.
4° VOUVRAY.
5° MONTLOUIS.

Arrosée par de nombreux cours d'eau, la Touraine présente une configuration physique variée. La propriété y est très morcelée. Il en résulte que, comme le vignoble orléanais, le vignoble tourangeau se distingue par la variété de ses produits.

La Touraine jouit d'une situation climatérique privilégiée. Le régime des brises marines qui règne sur son territoire sert de régulateur et lui évite les températures extrêmes.

Les petits vins frais et fruités sont récoltés dans les cantons de Langeais, Neuvy-le-Roi, Vouvray (partie nord), Châteaurenault, Neillé-Pont-Pierre, Château-la-Vallière, Tours-Nord.

Tours-Sud récolte également des produits légers, vieillissant bien et que les estomacs délicats peuvent consommer sans crainte.

On y trouve aussi le bon vin de côt, plus connu sous le nom de vin du Cher, mais dont la véritable patric est Saint-Avertin, Amboise, Montbazon, Montrésor, Sainte-Maure, Bourret, Chissay, Chenonceaux, Saint-Georges, Bléré, Azay-le-Rideau et l'arrondissement de Loches.

BOURGUEIL

Bourgueil et Chinon récoltent le vin fameux de breton. Ce cépage, appelé « cabernet franc » dans la Gironde, est celui qui donne aux grands vins du Médoc le bouquet qui les distingue. Il a gardé, en Touraine, la dénomination de « Breton », du nom de son introducteur dans la région, l'abbé Breton, prieur de l'abbaye de Fontevrault.

Les communes de Saint-Nicolas-de-Bourgueil, de Bourgueil, de Restigné, de Bennais et d'Ingrandes forment un ensemble tenant la tête de la production.

Les coteaux de Bourgueil reposent sur la craie tuffeau, recouverte de graviers et d'une abondante couche silico-argileuse, légère, chaude et très fertile.

M. Chauvigné, secrétaire perpétuel de la Société d'agriculture d'Indre-et-Loire, écrivait récemment, à ce sujet, dans la *Revue de la Viticulture* :

« Bourgueil, sur sa haute vallée, qu'un
« cirque de coteaux enserre et préserve du
« nord, est une gigantesque chaudière où se
« distillent, sur un sol de sable ardent, des
« essences savoureuses. »

C'est dans cette situation favorable, sous le rapport du sol et du climat, que se trouve placé le Breton, qui produit un vin odorant et à goût spécial. C'est là qu'il possède son parfum de framboise le plus fin et le plus subtil.

Rabelais, enfant du pays, le tenait en grande

estime et aimait, suivant sa pittoresque expression, à en « dégouziller de grandes tasses ».

Il semble difficile d'établir une différence marquée entre les Bourgueil et les Chinon ; ces vins sont sensiblement pareils. Cependant, suivant les années, et pour des causes qui ne sont pas bien connues, on remarque que chacun de ces vins présente tour à tour plus de nerf ou moins de bouquet. C'est là le secret de la nature, qui reste la grande dispensatrice des dons et des qualités.

CHINON

Le vignoble de Chinon comprend les communes de Beaumont-en-Veron, Chinon, Ligré, Cravant.

Dérivé de la mollasse d'eau douce, il est tantôt argilo-siliceux, tantôt silico-argileux et repose sur un lit abondant d'argile qui le sépare du calcaire tuffeau, qui n'est pas atteint par les racines de la vigne.

VIGNOBLE SUPÉRIEUR DU CHER

Après les Chinon et les Bourgueil, viennent les vins de Joué-lès-Tours et de Saint-Avertin.

La constitution des terres à vignes de ces deux communes est un peu différente et donne à leurs vins un caractère spécial assez facile à distinguer.

Le sol de Joué-lès-Tours provient du calcaire à silex d'eau douce. C'est un mélange de sable, d'argile et de calcaire, associés à des cailloux siliceux.

A Saint-Avertin, le terrain est argileux, mélangé de nombreux cailloux de silex, sans calcaire, comme à Joué-lès-Tours.

Le vin de Joué est le produit des « plants nobles » obtenus par l'association du pinot noir de Bourgogne, du gris-meunier, du malvoisie et du côt.

Plus tendre que le Chinon et le Bourgueil, il est délicat, bouqueté et se fait plus vite en bouteilles.

Le Saint-Avertin est plus dur que le vin de Joué. Il est également très estimé et est obtenu presque exclusivement avec le côt.

VOUVRAY

Les coteaux de Vouvray et de Rochecorbon produisent de grands vins blancs obtenus avec le gros et le menu pineau de la Loire.

Les Vouvray tiennent à la fois du vin de liqueur et du vin sec. Dorés, possédant un léger goût de pierre à fusil, ils sont légers, quoique pesant de onze à treize degrés, très fins et d'une conservation indéfinie. Ils pétillent comme le champagne ou restent liquoreux comme les Sauterne.

L'éloge des vins de Vouvray n'est plus à faire. Même dans les plus mauvaises années, les grands crus donnent des vins méritant la bouteille.

Un seul regret les concernant doit être exprimé : insuffisamment connus, ils sont trop souvent remplacés par des produits douteux n'ayant rien de commun avec les vins récoltés dans les communes de Sainte-Radegonde, Vouvray, Rochecorbon et Vernou.

Depuis Sainte-Radegonde jusqu'à la vallée de la Brenne, les coteaux qui portent Vouvray au centre sont composés de craie tuffeau micacée, tantôt compacte, tantôt friable ou sablonneuse, recouverte à la surface d'une couche de limon argilo-siliceuse. Cet ensemble d'éléments est extrêmement favorable à la production des vins blancs.

MONTLOUIS

Il est bon de citer, comme produisant des vins blancs remarquables, du type de Vouvray, les communes de Montlouis, Saint-Martin-le-Beau et Lussault.

La constitution des terres à vignes du coteau de Montlouis est sensiblement la même que celle des coteaux produisant le Vouvray, la richesse du sol en calcaire étant un peu moindre.

Les communes d'Azay-le-Rideau, Bueil, Chançay, Larçay, Noisay, Reugny, Saint-Christophle et Villebourg produisent également des vins pouvant être comparés à ceux du coteau de Montlouis.

Peuvent en outre être cités comme crus de second ordre les communes d'Artannes, Cambray, Cheille, Cretelles, Nazelles, Noullé-le-Lierre, Ports, Pont-de-Ruan, Rilly, Saché, etc., etc.

2.

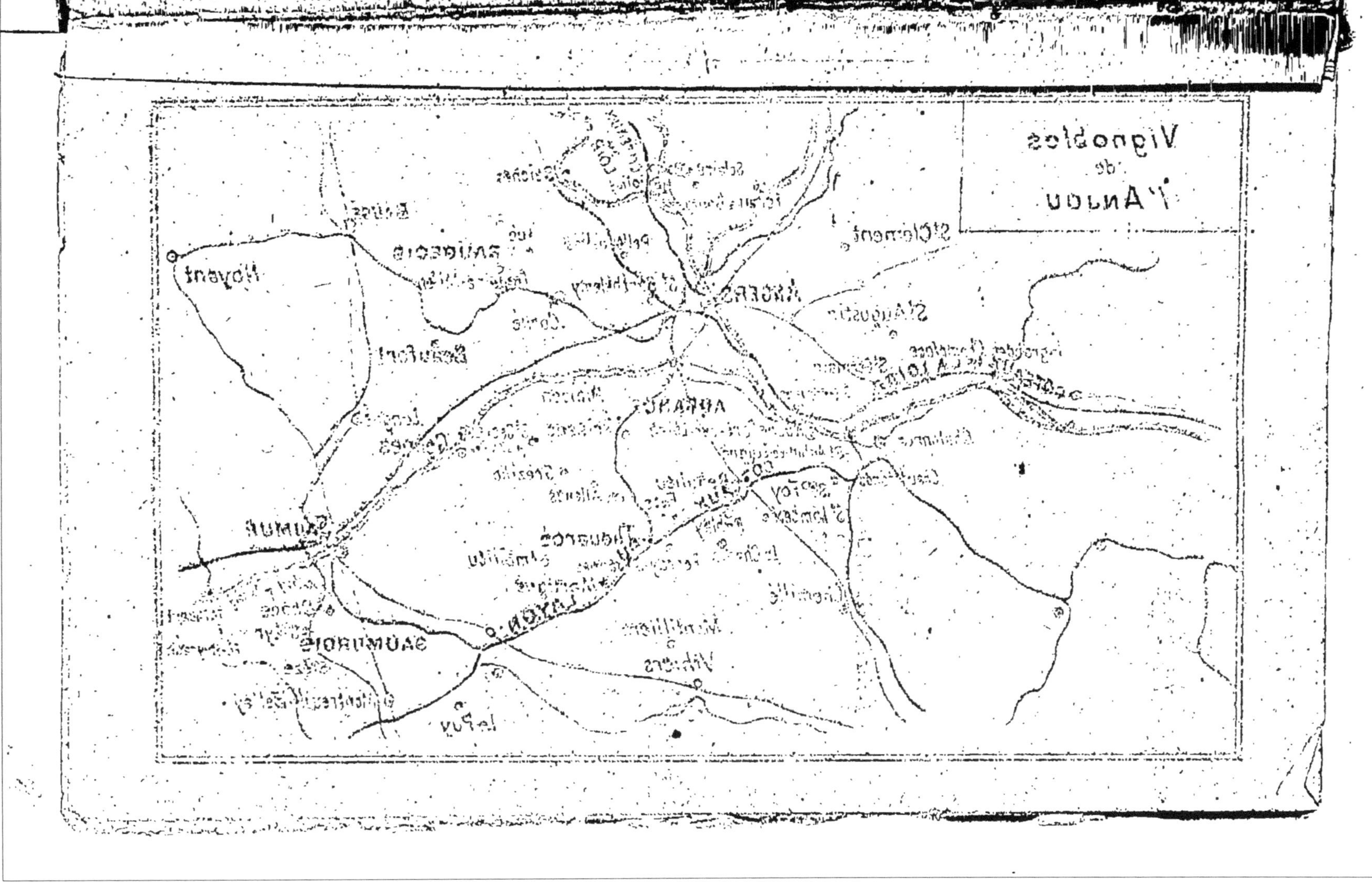

Vignobles de l'Anjou
Angers
Saumur
SAUMUROIS
LAYON
Beaufort
St-Clément
St-Augustin
Coteaux de la Loire
le Puy
Vihiers
Hoyent

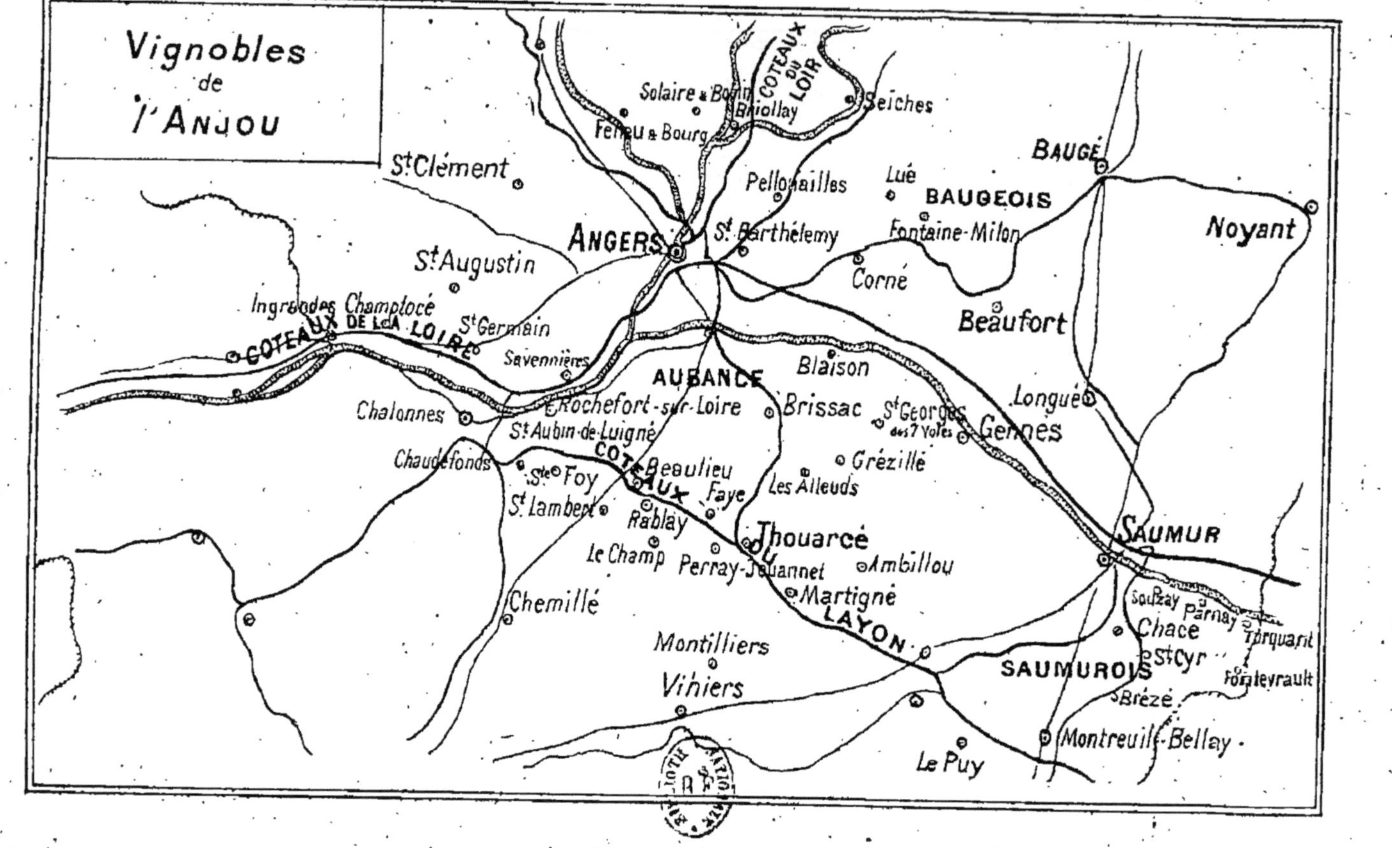

Vignobles
de
l'Anjou
St Clément
St Augustin
Ingrandes Champlocé
St Germain
COTEAUX DE LA LOIRE
Chalonnes
Savennières
ANGERS
St Barthélemy
Solaire & Bouin
Briollay
Feneu & Bourg
COTEAUX DU LOIR
Seiches
Pellouailles
Lué
BAUGEOIS
BAUGÉ
Fontaine-Milon
Noyant
Corné
Beaufort
AUBANCE
Blaison
Rochefort-sur-Loire
Brissac
St Georges des 7 Voies
Gennes
Longué
St Aubin de Luigné
COTEAUX
Beaulieu
Faye
Grézillé
Les Alleuds
Chaudefonds
Ste Foy
St Lambert
Rablay
Thouarcé
du
Ambillou
Le Champ
Perray-Jouannet
Martigné
Chemillé
LAYON
Montilliers
Vihiers
SAUMUR
Souzay Parnay
Torquant
Chace
St Cyr
SAUMUROIS
Fontevrault
Brézé
Le Puy
Montreuil-Bellay

V. — ANJOU

*Saumurois - Bords de la Loire
et du Maine (Vignoble Angevin)
Coteaux du Layon*

Aux vignobles de la Touraine succèdent, en descendant le cours de la Loire, les vignobles de l'Anjou.

Ces derniers peuvent se diviser en trois groupes :

1° Saumurois.

2° Bords de la Loire et du Maine (vignoble angevin).

3° Coteaux du Layon.

Il est récolté dans l'Anjou quelques vins rouges de grande valeur et beaucoup de vins blancs remarquables. Leur qualité réside dans la saveur bouquetée et la fraîcheur fruitée qu'ils possèdent au plus haut degré et qui, associées, donnent à ces vins ce que les vieux vignerons appellent « leur amabilité ». Cette qualité se rencontre toujours, quoique avec une intensité différente, dans les vins de l'Anjou.

La production de la région angevine peut être classée en trois catégories :

1° Vins blancs de coteaux (vins supérieurs).

2° Vins blancs de plaine (vins de table).

3° Vins gris dits « rougets » (vins bon marché et de qualité courante).

Les deux premières qualités proviennent du pineau de la Loire ou chenin, la troisième d'un mélange de gamay, de groslot et de pinot rouge, vinifiés en blanc.

SAUMUROIS

Le vignoble saumurois comprend les communes de Saumur, Dompierre, Chacé, Montsoreau, Parnay, Souzay, Turquant et Varrains.

Les crus les plus renommés sont ceux de Rotessans, de la Perrière, des Pailléux et du Clos Morin.

La plupart dés vignes du Saumurois sont

installées sur la craie turonienne ou craie tuffeau, que nous avons déjà trouvée dans les vignes de la Touraine. Cette craie fournit des terres blanches qui donnent au vin une légèreté et une finesse exquises.

BORDS DE LA LOIRE ET DU MAINE

(Vignoble Angevin)

La presque totalité des vignes de cette zone est installée sur des pentes abruptes silico-argileuses, souvent très rocailleuses, généralement pauvres en éléments fertilisants.

Quelquefois, les terrains sont plus argileux et manquent totalement de calcaire.

Toutes ces terres proviennent de la décomposition des terrains primitifs schisteux et ardoisiers.

Les crus les plus renommés de cette partie du vignoble de Maine-et-Loire sont ceux de St-Barthélemy, Chalonne, Epiré, Ingrandes, Savennière, la Roche-au-Moine et de la fameuse coulée de Serrant.

COTEAUX DU LAYON

La côte du Layon, qui s'élève au-dessus de la petite rivière de même nom et s'étend sur une longueur d'environ quarante kilomètres, possède les meilleurs crus de la région.

Elle est plantée, de temps immémorial, de pineau de la Loire.

Les crus les plus renommés sont ceux de Bonnzeaux, Martiné, Faye, Beaulieu, Saint-Aubin-de-Luigné, Touarcé, Rochefort, etc.

Ces vins supportent facilement la comparaison avec les grands Vouvray. Ils en ont la finesse et le noble caractère, font une bouteille parfaite et se conservent indéfiniment.

Parmi les crus rouges de cette contrée, doivent être cités les grands vins de Champigny, ressemblant beaucoup au Bourgueil dont ils ont le bouquet, ils ont quelquefois plus de chair et sont de conservation indéfinie.

Les vignobles des coteaux du Layon rivalisent, comme importance, avec ceux des bords de la Loire. Ils reposent sur des terrains de composition presque identique. Les cailloux y abondent ainsi que le sable siliceux, ils contiennent peu de calcaire. (1)

---

(1) Les renseignements géologiques concernant les terrains décrits dans la présente étude, sont dus à l'obligeance de M. Donon, professeur départemental d'agriculture du Loiret.

Conservation et soins à donner aux Vins de la Vallée de la Loire

Nous croyons utile de terminer cette étude par quelques conseils sur la conservation des produits.

D'une façon générale, les vins du Centre, rouges ou blancs, s'accommodent fort bien des températures des caves profondes.

Tandis que les Bordeaux et les Bourgogne vieillissent mieux en chai, les vins de la vallée de la Loire gagnent beaucoup à rester dans un milieu obscur, à température constante, voisine et même au-dessous de 11 degrés.

Les soins de soutirage et d'ouillage, communs à tous les vins, doivent leur être appliqués d'une façon rationnelle. Il est bon, dès la réception d'un fût, de le débonder et d'en faire le plein.

Pour les vins destinés à être mis en bouteilles, les soins doivent varier suivant qu'il s'agit de vins rouges ou de vins blancs.

Les vins rouges de Saint-Jean-de-Braye, de Saint-Ay, de Saint-Avertin, de Joué, de Chinon, de Bourgueil doivent être mis en bouteilles à la fin de leur deuxième année de fût et après collage aux œufs frais.

Leur bouquet est à point, lorsqu'ils ont cet âge. Il n'est bon de conseiller la conservation en fût plus longtemps que pour les gascons de la rive gauche de la Loire. Ceux-ci supportent avantageusement un séjour en fût de trois ou quatre années avant la mise en bouteilles.

La forme des bouteilles usitées pour les crus rouges est la forme bourguignonne, en verre foncé.

Les vins blancs des communes de Vouvray, Rochecorbon, Montlouis, Noizay, Vernou, etc., sont souvent choisis pour faire de la bouteille mousseuse.

Ces vins sont délicieux sous cet état et doivent, pour y parvenir, être tirés en bouteilles de fin janvier à fin mars.

Aucune préparation ne leur est nécessaire. Seul, un choix judicieux du vin est indispensable, car il importe essentiellement qu'il ait un degré de liqueur suffisant.

Certains spécialistes, notamment les vignerons, prétendent qu'il faut éviter de les coller. L'expérience démontre cependant qu'un collage approprié leur est souvent utile et constitue un facteur de plus en faveur de leur conservation.

Les vins blancs mousseux exigent la bouteille champenoise, avec bouchon retenu par un collet de fil de fer.

Il n'est pas possible d'entrer ici dans les détails de la champagnisation de ces vins, opération qui ne peut être faite que par l'industrie vinicole. Ils sont d'ailleurs assez connus sous cette forme. La renommée des grandes caves de la Touraine, de l'Anjou et du Saumurois est universelle ; elles sont, en quelque sorte, le complément des caves de la Champagne, et leurs produits ne sont pas moins recherchés par les consommateurs étrangers.

Bien que les vins blancs de Vouvray, du Saumurois et de l'Anjou soient surtout répandus comme vins mousseux, il ne s'ensuit pas que tous les vins de ces régions soient consommés comme tels. Beaucoup de vins secs sont également produits ; mais leur mise en bouteilles ne doit être faite qu'après deux ou trois années de fût. Quant aux vins ordinaires et de consommation courante, la fraîcheur et le repos de la cave sont les meilleurs éléments de leur conservation.

De digestion facile, ces vins conviennent toujours aux estomacs délicats. L'absence de plâtre dans leur constitution ajoute encore en leur faveur.

Tels sont, sommairement développés, les soins dont doivent être entourés les vins de la vallée de la Loire. Leur stricte observation donnera toujours au consommateur un résultat dont il n'aura qu'à se louer.

CONSEILS
pour la consommation et la dégustation
des Vins de la Vallée de la Loire

L'art de conserver le vin comporte une multitude de soins délicats, exigeant des connaissances pratiques qui ne se rencontrent généralement que chez les professionnels. Aussi, est-il rationnel, lorsque l'on veut posséder de bons vins, de s'adresser à une maison sérieuse qui livrera des produits complètement élevés, ayant l'âge et les qualités requis pour être mis en bouteilles.

Si le consommateur agissait toujours ainsi, il arriverait à se constituer une cave excellente. Il s'éviterait, en outre, les ennuis et les risques courus en conservant des vins ou trop jeunes, ou qui n'ont pas reçu les soins particuliers à chaque cru, soins qui leur sont indispensables pour les amener au moment précis de la mise en bouteilles.

Il aurait alors des vins brillants, limpides, qui, mis en bouteilles d'une façon judicieuse, conserveraient et accroîtraient même les qualités de leur cru.

Si l'art d'élever et de conserver les vins n'appartient qu'aux initiés, celui de le boire n'appartient qu'aux gourmets, lesquels doivent non seulement savoir boire le vin, mais surtout savoir « le faire boire ».

C'est là le talent du maître de maison, comparable à celui du peintre qui, pour faire valoir les qualités de son tableau, lui donne un éclairage propice ; du musicien qui fait ressortir tel passage de son œuvre par des accords appropriés ; de la femme même qui, pour rehausser sa beauté, recherche l'accord des formes, l'harmonie des couleurs et l'éclat des bijoux.

Il faut, pour remplir cette partie des devoirs du maître de maison, posséder un goût très sûr et une connaissance approfondie des crus garnissant sa cave.

On devra procéder par une gradation savante, afin de ménager les effets.

Les bouteilles seront toujours montées de la cave dans la position qu'elles y occupaient.

On ne les redressera qu'avec de grandes précautions.

Les vins rouges seront déposés à l'office deux heures avant de les servir, afin qu'ils prennent la température de la pièce, puis décantés avant de verser. Cette dernière prescription peut ne pas être observée, mais il faut alors se servir d'un chariot qui permettra de vider presque complètement la bouteille sans la troubler. Cette précaution est indispensable, car rares sont les vins vieux complètement exempts de dépôt.

L'ordre dans lequel les vins doivent être bus ne saurait être établi. Il varie suivant les crus qui doivent être servis. Il est cependant nécessaire de connaître les mets qui font le mieux apprécier les vins et assurent à chacun son maximum de parfum et de délicatesse.

Après les coquillages et le poisson, se servent les vins blancs ; avec les viandes, les vins rouges ; à la fin du repas, les vins vieux ; au dessert, les vins blancs liquoreux ou mousseux.

Certains gourmets préfèrent les vins blancs liquoreux au début du repas, avec le poisson. Le goût de chacun doit, en la circonstance, être le guide le plus précieux.

Après le potage, le madère ; avec les huîtres, le turbot, le saumon, les grands vins blancs d'Anjou et de Vouvray ; avec les viandes, les ordinaires Beaugency, Saint-Jean-de-Braye, Saint-Ay, Saint-Avertin, Joué, Chinon ; c'est alors que la robe légère, le bouquet frais et délicat de ces vins s'apprécient le mieux.

Le Saint-Nicolas-de-Bourgueil et le Champigny viennent avec les rôtis et enfin, vers la fin du repas, alors que les facultés gustatives ont pris toute leur ampleur, se servent les vins vieux des grandes années, les 1870, 1884, 1893 et 1895.

Après ces vins, les vieux Anjou liquoreux sont encore appréciés, et, souvent aussi, à ce moment un vénérable Vouvray pourra marcher de pair avec un Champagne illustre.

TABLE DES MATIÈRES

TABLE DES MATIÈRES

ORLÉANS. — IMP. AUGUSTE GOUT & Cie

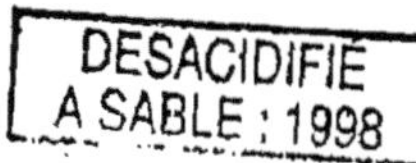

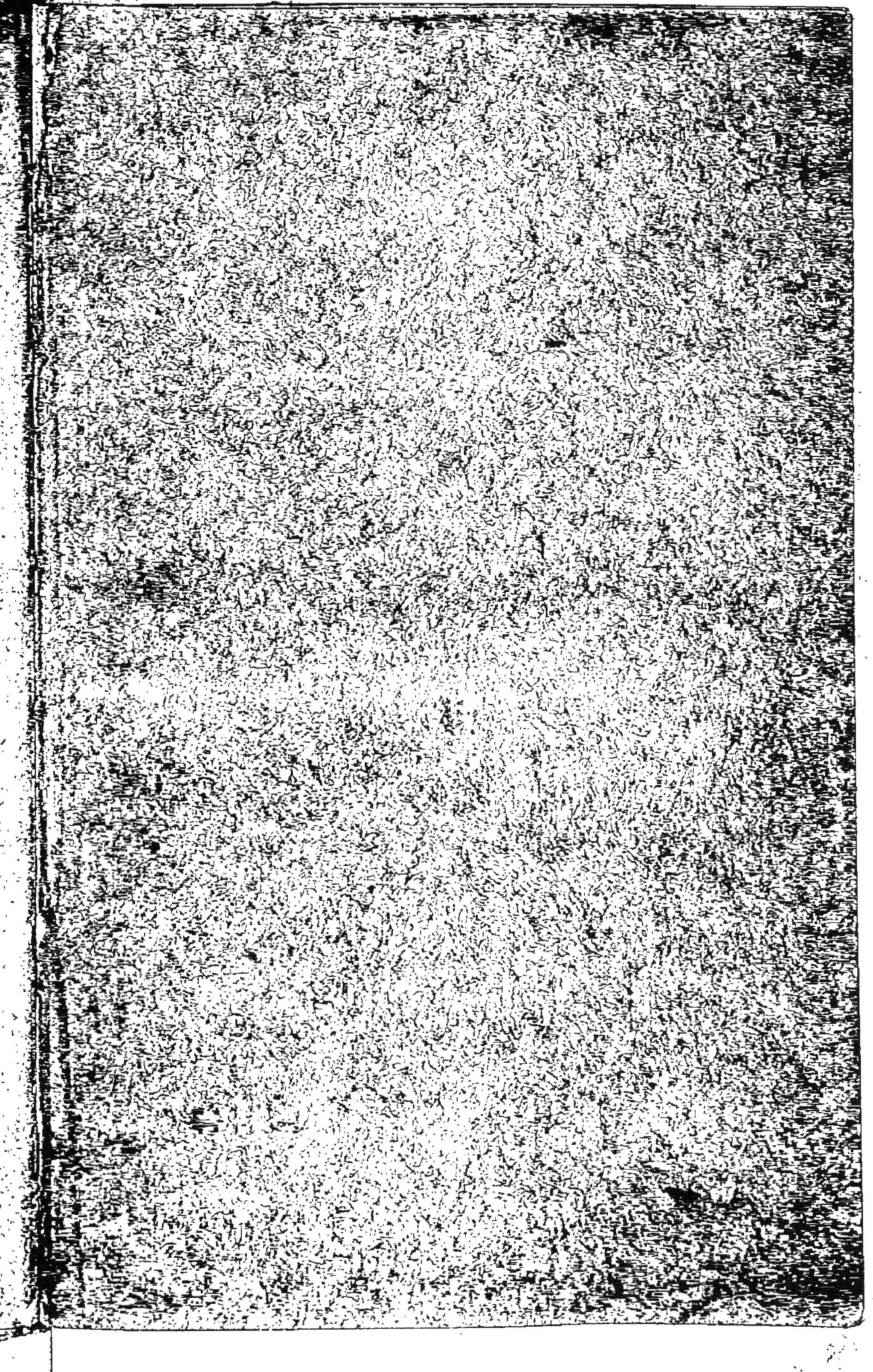

www.ingramcontent.com/pod-product-compliance
Ingram Content Group UK Ltd.
Pitfield, Milton Keynes, MK11 3LW, UK
UKHW020333130726
13696UKWH00003B/1330